देह, देहरी और दीया

(काव्य संग्रह)

देह, देहरी और दीया

(काव्य संग्रह)

रानी सिंह

Delhi-110089, India

प्रथम संस्करण : 2021
ISBN : 978-81-949743-4-5

प्रखर गूँज पब्लिकेशन
एच-3/2, सेक्टर-18, रोहिणी, दिल्ली-110089
दूरभाष : 7982710571, 7838505899, 011-27851059

मूल्य : 160/-

देह, देहरी और दीया (काव्य संग्रह)
रानी सिंह

Deh, Dehri Aur Diya (Kavy Sangrah)
By Rani Singh

Published by

PRAKHAR GOONJ PUBLICATION
Delhi-110089
E.mail : prakhargoonj@gmail.com
         sinha.neelu123@gmail.com
Ph. : 011-27851059, 7982710571, 7838505899

Web : https://prakhargoonjpublicationofficialwebsite.com

समर्पण

माँ शारदे को नमन करते हुए
मेरे जन्मदाताओं
पूज्य. स्व. मीना देवी एवं श्री केदार प्रसाद सिंह
को सादर समर्पित !

भूमिका

कविता एक नई दुनिया की तालाश है।

हर रचनाकार की रचना प्रक्रिया अलग– अलग होती है, कुछ रचनाकार यथार्थ को बिंबों और प्रतीकों के माध्यम से प्रकट करते हैं तो कुछ रचनाकार यथार्थ को सीधे भी प्रकट करते हैं। युवा कवयित्री रानी सिंह की रचना यथार्थ और बिंबों के सही– सही मेल से आकार लेती है। कविता के सौंदर्य के लिए जहाँ बिंब जरूरी होते हैं वहाँ वे बिंबों का सहारा लेती हैं, यदि जरूरी नहीं होता है तो उनकी संवेदना यथार्थ से सीधे टकराती है। रानी सिंह के पास वह अद्भुत कौशल है जिससे वे सब कुछ देख पाती हैं जिन्हें सामान्य नजरों से देखना मुश्किल होता है। जब वे अपनी कविता 'सुप्त ज्वालामुखी' में कहती हैं कि–

घर– घर में न जाने कितने

सुप्त पड़े ज्वालामुखी हैं

कभी फुरसत से

अपने घर के अंदर

वर्षों से सुप्त पड़े

किसी ज्वालामुखी को

कुरेद कर देखना

यहाँ कवयित्री ने बिंबों का बहुत ही खूबसूरत ढंग से इस्तेमाल करते हुए यथार्थ का बयान किया है। इनकी एक और कविता 'खंड में अखंड रही' में वे चरम पर आ जाती हैं–

मुझ में जीजिविषा इतनी प्रचंड रही कि

खंड– खंड होकर भी

हर खंड में अखंड रही

यह स्त्रियों द्वारा स्त्री की खोज है, जहाँ कवयित्री इस दुनिया में एक नई दुनिया बनाने या फिर ढूंढने का प्रयास करती हैं।

संकलन की एक और कविता 'पाषाण हुई मुझमें एक स्त्री' में कवयित्री के शब्दों में स्पष्ट विरोध के स्वर सुनाई देते हैं

ये जो देख रहे हो तुम

चेहरे पर मुस्कान लिए

यंत्रवत दौड़ती– भागती
सबकी निगाहों में
संस्कारी दिखने की कोशिशों में लगी
अपनी इच्छाओं– तमन्नाओं को मार– मार कर
पाषाण हुई मुझमें एक स्त्री
वो मैं नहीं हूँ

जब कवयित्री कहती हैं कि वो मैं नहीं हूँ तो एक प्रतिरोध के स्वर के साथ सीधे टकराने की हिम्मत करती हैं।

रानी सिंह किसी बने बनाए खांचे में नहीं बंधती हैं और न ही किसी तरह की लेकिन, किंतु, परंतु में खुद को व्यर्थ उलझाती हैं बल्कि सीधे मुद्दों को उठाती हैं। सही शब्दों का चयन और उसे सही जगह पर रखना कवयित्री की क्षमता और बौद्धिकता का प्रमाण है। इस संकलन में एक और बेहतरीन कविता 'गिद्धों के झुंड' में कवियित्री दंभी और व्यभिचारी पुरुष पर सीधे सवाल करती हैं

ऊपर जो नीला आकाश है
गाढ़ा होकर उसका रंग भी
स्याह पड़ चुका है
इस स्याह आकाश में
डरे सहमे पंछियों ने
छोड़ दिया है उड़ानें भरना
मंडरा रहे हैं तो सिर्फ और सिर्फ
गिद्धों के झुंड

यहीं पर एक और कविता का जिक्र जरूरी है 'पुरुष कभी डायन नहीं होते'

पुरुष ओझा– मंतरिया
भगत, गुणियाँ, फकीर सब हो सकते हैं
लेकिन पुरुष कभी डायन नहीं होते
डायन तो सिर्फ स्त्रियाँ होती हैं

आज की यही तो हकीकत है, इस कविता में कवयित्री एक नई आवाज बुलंद करती है।

रानी सिंह देश दुनिया और अपने आसपास हो रही घटनाओं से निरपेक्ष

नहीं रह पाती हैं, वे उस मौन को शब्द देती हैं जिसमें आदिकाल से स्त्रियों की चीख के साथ सवाल भी होते हैं। संकलन की अंतिम शीर्षक कविता 'देह देहरी और दीया' की कुछ पंक्तियों में देखा जा सकता है

कुछ इस तरह से

खूंटे से बांध दिया गया स्त्री को

और उसके पैरों के पगहे को

इतनी ढील दी गई कि

उसकी पहुँच

देह, देहरी और दीया तक ही रह जाए।

इस संकलन की सारी कविताएँ स्त्रियों के जीवन संघर्ष और उनकी दुश्वारियों का यथार्थ आख्यान है। यदि एक पंक्ति में इस संकलन के बारे में कहा जाए तो बस यही कहा जा सकता है कि इस संकलन की सभी कविताएँ स्त्रियों की मनोदशा का समाजशास्त्रीय अध्ययन है। संकलन को देखने के बाद इतना तो कहा ही जा सकता है कि यह संकलन पाठकों को निराश नहीं करेगा। मेरी भी शुभकामनाएँ!

चन्द्रकांत राय,
पूर्णियाँ

लेखकीय वक्तव्य

मेरी पहचान की तमाम निशानियों में सर्वोपरि है मेरा स्त्री होना। मेरे भीतर एक संवेदित स्त्री–मन का होना।

कहते हैं कि स्त्रियाँ समय से पहले परिपक्व हो जाती हैं। उसकी सोच, उसकी समझ समय से आगे की होती है। स्त्रियों में विपरीत परिस्थितियों से लड़ने की, संघर्ष करने और सहने की असीमित क्षमता होती है। और उसकी यही विलक्षण प्रतिभा एवं क्षमता नागवार गुजरती है समाज के ठेकेदारों को। फिर क्या ? वे लग जाते हैं येन–केन प्रकारेण उसकी सीमाएं तय करने में। इन्हीं सीमाओं से बंधी घर–परिवार, अड़ोस–पड़ोस, गाँव–समाज से लेकर कार्यस्थल तक तमाम स्त्रियों की लाचारी, पीड़ा और तड़प को मैंने बचपन से ही करीब से देखा, सुना और महसूसा। स्त्रियों के प्रति समाज के व्यवहार व नजरिए से मन में आक्रोश भरता गया। अंदर एक बवंडर–सा उठता रहा, आखिर स्त्रियों के साथ ये सब क्यों और कब तक ?

यही आक्रोश, यही छटपटाहट समय–समय पर कविता बनकर फूट पड़ती है बदलाव की दरकार बनकर जो आप सबके समक्ष प्रस्तुत है 'देह, देहरी और दीया' के रूप में।

मेरी कविताओं का अस्तित्व भी स्त्री–पीड़ा के चित्रण के साथ–साथ उनके स्वाभिमान की सुरक्षा के लिए संघर्ष में निहित है।
'देह, देहरी और दीया' मात्र व्यथा की कथा नहीं बल्कि विद्रोह का स्वर भी है। स्त्रियों की त्रासदी और उत्पीड़न के साथ–साथ उनके संघर्ष और संवेदनशीलता को चिन्हित करने में मैं कितना सफल रही हूँ, ये आप ही निर्धारित कीजिए।

अपने कविमन की अनुभूतियों को आलोचकों की परवाह किए बगैर मैंनें सादगी से पाठकों के सामने रख दिया है। अपनी रचनाओं के माध्यम से यदि अपने सहृदय पाठकों को अनदेखे कर्म की अनुभूति करा सकूँ तो मेरा लिखना सफल होगा।

अंत में अपने कुछ श्रेष्ठ जनों व मित्रों जैसे कि आद. चन्द्रकान्त राय, डॉ. मंजुश्री वात्स्यायन, उमाकांत भारती, अनुप कुमार, माधवी शर्मा, पंकज कुमार,

दीपक कुमार, मुकेश कुमार सिन्हा, अतुल मल्लिक अनजान, भाई (संजीव कुमार, राजीव कुमार, चिरंजीव कुमार), बहन (साक्षी कुमारी) के साथ–साथ वागर्थ वेब फेसबुक समूह के तमाम साहित्य प्रेमियों का हृदय की असीम गहराईयों से आभार प्रकट करना चाहूँगी। इनके अनंत प्रेम, स्नेह एवं उत्साहवर्धन ने मुझे इस संग्रह को निकालने का संबल दिया।

आपकी प्रतिक्रिया की प्रतीक्षा में–
रानी सिंह
पूर्णियाँ, बिहार

अनुक्रमांक

१.तस्वीरें अक्सर छुपा लेती हैं

तस्वीरों से मत आंकना
मेरी शख्सियत को तुम
तस्वीरें अक्सर छुपा लेती हैं
चेहरे पर खिंची
अनुभवों की महीन लकीरों को
जीवनपथ के उतार-चढ़ावों पर
चलते-चलते बेरंग हुए
कान के पीछे से झाँकते
अधपके बालों को
मन के भीतर उठते सफेद-स्याह
या इंद्रधनुषी भावों की लहरों को
कई परतों के नीचे दबे
टीसते-रिसते घावों को भी।

जानना हो मुझे तो आना
कभी फुरसत से
आमने-सामने बैठकर पढ़ना
पढ़ना मेरे नैनों को
तोलना मेरे शब्दों की लय और गति को
परखना मेरी आवाज में घुली हुई
कड़वाहट या मिठास को
महसूसना तुम
मुझमें बची हुई संवेदनाओं को
और बताना कि
कितनी मात्रा में बची है अभी
इंसानियत मुझमें।

२. आजाद हुई हूँ अभी-अभी

ऊँची गर्दन और लम्बी धारदार चोंच वाले
पंछियों के झुंड में
आहिस्ते-आहिस्ते दूर कहीं से
चलकर आई
डरी-सहमी सकुचाई सी एक चिड़िया।

एक से बढ़कर एक धुरंधर
पंछियों के उस झुंड में से कुछ ने
निहारा गौर से उसे
तो कुछ ने अनदेखा किया
उस मरियल पिद्दी-सी चिड़िया को
और फिर मशगूल हुए सब आपसी
चर्चा-परिचर्चा में।

चर्चा चल पड़ी जोरदार
बोलने की
चलने की और
उड़ान भरने की
सुनकर ऐसी चर्चा
थोड़ी उत्सुक हुई वह चिड़िया भी
और साहस जुटाकर बोली हौले से
मैं भी कुछ बोलना चाहती हूँ
संग आपके चलना चाहती हूँ
ऊँची उड़ान भरना चाहती हूँ।

हें...!

तू क्या कर पाएगी
ओ छोटी चिड़िया ?
डपटकर बोला ऊँची गर्दन वाला एक पंछी
बहुत कमजोर है तू तो
सांसें चढ़ जाएंगी तेरी बोलने से
लुढ़क जाएगी तू यूँ ही थोड़ी देर चलने से
थक जाएंगे पंख तुम्हारे उड़ने से
तू कदापि टिक न पाएगी हमारे सामने
चुप रह और जा
फुदकना किसी डाली पर।

ना.. ना.. ना..
इतना कमजोर न समझो मुझे
वर्षों तलक एकांतवास में
खामोश रही हूँ मैं
पिंजरे के चंद तारों तक
बंधी रही है चाल मेरी
फड़फड़ाए नहीं हैं मैंने
पंख भी अपने कभी।

इसीलिए थरथरा रही है थोड़ी जुबां मेरी
लेकिन मैं भी बोल सकती हूँ
लड़खड़ा रही है चाल थोड़ी
लेकिन मैं भी चल सकती हूँ
अभ्यस्त नहीं उड़ने को पंख मेरे
लेकिन मैं भी उड़ान भर सकती हूँ।

वर्षों के पिंजरबंद से

19/ देह, देहरी और दीया

आजाद हुई हूँ अभी-अभी
अब हो गई हूँ आजाद तो
कोशिशें मुझे भी करने दो
करो भरोसा मेरा भी
धीरे-धीरे ही सही
हुनर सारे सीख जाऊँगी।

३. सुनो ना पापा

सुनो ना पापा!
अब बड़ी हो गई हूँ मैं
हालांकि इस बात को आप
मानते नहीं हो
क्योंकि मैं अभी महज
आठ साल की ही तो हूँ
लेकिन मुझे पता है पापा
दस-बारह साल बाद
जब मैं हो जाऊँगी अठारह-बीस साल की
तब मानोगे आप कि
बड़ी हो गई हूँ मैं
मतलब ब्याह के लायक
और ढूंढने लगोगे मेरे लिए
एक अच्छा-सा घर-वर
बिल्कुल अपने जैसा
दान-दहेज देने के लिए भी
जुटा रखे होंगे रूपए और गहने
मैं जानती हूँ
मैं जानती हूँ कि आप उससे भी कहीं ज्यादा
धूमधाम से
ब्याह करवाएंगे मेरा
जितनी धूमधाम से
माँ का हुआ था आपसे
लेकिन पापा!
मैं कह देती हूँ एक यह बात भी
आप मुझे पसंद नहीं

मत ढूँढ़ना मेरे लिए कभी
आप अपने जैसा पति।

जानते हो ऐसा क्यों पापा ?
क्योंकि बड़ी हो गई हूँ मैं
अभी से ही
दिखने लगी है मुझे
माँ के आँखों की गहरी उदासी
बेचैन करने लगी है
आधी रात को आपके कमरे से आती
माँ की सिसकियाँ
आक्रोश से भर जाती हूँ
जब भी देखती हूँ
उसकी पीठ पर उगे
अपराजिता के नीले पुष्प को
जब आँखें तरेर कर
देखते हो आप उसे
तो सहम जाती है वह और
आपके लिए
नफरत भर जाती है मेरे अंदर।

अब समझने लगी हूँ पापा!
कि आप अच्छे आदमी नहीं हो
बुरे हो आप
बहुत बुरे।

सुनो ना पापा!
अब नहीं चलेगी

आपकी ये मनमानी
बदलना ही होगा आपको
अपना रवैया
क्योंकि
अब बड़ी हो गई हूँ मैं
खड़ी रहूँगी माँ के साथ हमेशा ही
आपको जवाब देने के लिए।

४. कली हूँ मैं

कली हूँ मैं खिलने दो
शाखों पर सजने दो।
खिल कर हमें निखरने दो
अपनी छटा बिखेरने दो।
हवा के संग बहने दो
फिजा में सुगंध भरने दो।
हँसने और मुस्कुराने दो
मधु-मकरंद लुटाने दो।
बीजों को मुझमें पलने दो
नवजीवन सहेजने दो।
मुरझाकर बिखर जाने दो
मिट्टी में मिल संवर जाने दो।
अपनी किस्मत आजमाने दो
अपनी पहचान बनाने दो।
हाँ ! कली हूँ मैं खिलने दो
शाखों पर सजने दो।

५. सुप्त ज्वालामुखी

घर–घर में न जाने कितने
सुप्त पड़े ज्वालामुखी हैं
कभी फुरसत से
अपने घर के अंदर
वर्षों से सुप्त पड़े
किसी ज्वालामुखी को
कुरेद कर देखना…!

देखना कि उसने कितने
रिसते लावों को पिया है
कितने तापों को
अपने अंदर दबाया है ?

६. चुपके से

बहुत संस्कारी है मेरी बेटी
बहुत समझदार है मेरी बहन
बहुत सहनशील है मेरी पत्नी
मेरी खुशी में ही
माँ की खुशी है।

जैसी खुशफहमी की पंक्तियाँ
कह-कह कर तुमने
चुपके से
गला घोंट दिया
मेरे अरमानों का
नोंच लिया पंख
मेरे सपनों का।

७. खंड में अखंड रही

बार-बार
कई बार
खंड-खंड मेरा
कई खंड हुआ।

कई खंडों में बंटी
हर खंड में बार-बार
कई बार
मैं फिर से पनपती रही।

मुझमें जीजिविषा इतनी प्रचंड रही कि
खंड-खंड होकर भी
हर खंड में अखंड रही।

८. गिद्धों का झुंड

पूरी धरती तब्दील हो गई है
पर्वत, पहाड़ और पठारों में
इस पर बसी तमाम मानव सभ्यताएं
बेतरतीब ढंग से ऊबड़-खाबड़
तो कहीं एकदम सपाट हो गई हैं
कहीं-कहीं तो निकल आई हैं
कई नुकीली चोटियाँ भी।

ऊपर जो नीला आकाश है
गाढ़ा होकर उसका रंग भी
स्याह पड़ चुका है
इस स्याह आकाश में
डरे-सहमे पंछियों ने
छोड़ दिया है उड़ानें भरना
मंडरा रहा है तो सिर्फ और सिर्फ
गिद्धों का झुंड
जो लगातार मंडराता ही रहता है
शिकारी नजरें गड़ाए।

उसकी चोंच अब और भी ज्यादा
धारदार हो गई हैं
भूख तो इतनी बढ़ गई है कि वह
मासूम कलियों तक को नहीं छोड़ता।

और कलियाँ दर्द से बिलबिलाती
लहूलुहान बदन को संभालती

आक्रोश से चीखती-चिल्लाती
ऊबड़-खाबड़ धरती पर
बेतहाशा भागती चली जा रही हैं
इंसानी बस्तियाँ ढूंढ़ती चली जा रही हैं
नुकीली चोटियों पर चढ़-चढ़ कर
न्याय की गुहार लगाती चली जा रही हैं
लेकिन उसकी आवाजें
वापस आ जाती हैं बार-बार
पहाड़ों से टकरा कर
कभी-कभी विलीन भी हो जाती हैं शून्य में
तो कभी गिद्धों के वहशी कहकहों में।

६. सबसे सशक्त स्त्रियाँ

सबसे सशक्त स्त्रियाँ होती हैं
वे बदचलन और बेहया स्त्रियाँ
जिन्हें लोग अक्सर
दो नम्बर की औरत कहा करते हैं
लेकिन उन्हें
बिल्कुल भी परवाह नहीं
दो नम्बर के ठप्पे की
वे चलती हैं बेलौस बेखौफ
क्योंकि वे जानती हैं
यह मात्र एक षडचंत्र है
उन्हें तोड़ने का।

सबसे सशक्त स्त्रियाँ होती हैं
वे डायन-जोगिन स्त्रियाँ
जिनकी नजरों से बचाकर रखते हैं लोग
नवजात चिल्के-चिल्कौरियों को
नववधुओं और नवदूल्हों को
लेकिन घृणा और उपेक्षा की अग्नि में
झुलसकर भी जीने का माद्दा
रखती हैं वे स्त्रियाँ
क्योंकि वे जानती हैं
यह महज एक लांछन है
जो उस समाज की डायनपना की उपज है
जो खा जाना चाहती है
हर बोलने वाली स्त्री को।

सबसे सशक्त स्त्रियाँ होती हैं
अयोग्य पति और अत्याचारी ससुरालियों को
ठेंगा दिखा कर ससुराल से भागी स्त्रियाँ
जो लोगों की जली कटी बातों से
मन को बना लेती हैं काठ
और एकदम ढीठ बनकर
मायके में रहने लगती हैं
क्योंकि उन्हें जताना आता है अपना अधिकार।

सबसे सशक्त स्त्रियाँ होती हैं
बोलने वाली
लड़ने वाली
दहाड़ने वाली
तमाम यातनाओं के बावजूद
मौत को भी चुनौती देने वाली वे स्त्रियाँ
जो किसी भी सूरत में
नहीं छोड़तीं
खुद से प्यार करना।

१०. कुमुदिनी

जमाने भर की लानतों से
पथरीले शब्दों के प्रहारों से
गड्ढों में कर दो तब्दील
मेरी जिंदगी को।

कुछ नहीं कहूँगी तुमसे
हालांकि कह सकती हूँ मैं
पर कहूँगी नहीं
और न ही मरूँगी मैं।

दबी रहूँगी यहीं कहीं
मिट्टी की परतों में
करूँगी इंतजार
सावन-भादो के आने का
जब आसमान में छाएगा बादल
झूम-झूम बरसेगा जल
गड्ढे हो जाएंगे लबालब
और मैं उस गड्ढे में
खिल उठूँगी एक दिन
सफेद कुमुदिनी की तरह।

११. तुमने कभी समझा ही नहीं

अरे!
ये क्या ?
तुम इतने विचलित क्यों हो रहे हो
और अचंभित भी ?

शायद मेरे विद्रोही स्वर के ताप से
तुम्हारा दर्प झुलसने लगा है
तभी तो तुम
उस झुलसन से तिलमिला कर
चीख रहे हो कि
इतना ही दर्द, इतनी ही तकलीफ
हो रही थी तुझे
एक औरत का धर्म निभाने में
कर रही थी महसूस कैदखाने-सी घुटन
तो अब तक क्यों ?
क्यों बैठी थी तुम चुप्पी साध कर
मन में गिरह बांधकर
पहले भी तो कुछ बोल सकती थी
भेद धीरे-धीरे खोल सकती थी।

यूँ आज अचानक से क्यों ?
तेवर तेरे बदल गए
आवाज में इतनी दृढ़ता
कब, कहाँ, किधर से आ गई
कोमल काया तेरी कैसे
तन कर खड़ी हो गई

कटे हुए पंखों को कैसे तुमने
गिरगिट की पूँछ की तरह
फिर से उगा लिये
आज अचानक से तुम
कैसे हो गई विद्रोहिणी ?

क्या ?
क्या कहा तुमने ?
आज अचानक से..
हा हा हा !
हँसी आती है मुझे
तुम्हारे अंधेपन और बहरेपन पर।

अरे !
अचानक से नहीं हुआ है कुछ भी
वर्षों से तुमने ही तानों, लानतों और गालियों
की हवा दी है
बुझी हुई ठंडी राख को
बंदिशों और बेरुखियों की
सूखी लकड़ियाँ डाल-डाल कर
तुमने ही पनपाया है इस चिंगारी को।

एक भी दिन ऐसा न गया होगा
जब मैंने यह
जताने की कोशिश न की होगी कि
दर्द मुझे भी होता है
तकलीफ मुझे भी होती है
आहत मेरा मन भी होता है

मैं भी इंसान हूँ
महज हाड़-मांस का पुतला नहीं।

कभी पैर पटक कर जताया
तो कभी बर्तन पटक कर
कभी नजरें दिखाकर
तो कभी गुस्सा दिखाकर
कभी खामोश रह कर
तो कभी भूखी-प्यासी रह कर
कभी उदासी ओढ़ कर
तो कभी आंसू बहा कर जताया मैंने।

हर संभव कोशिश की
लेकिन तुमने कभी समझा ही नहीं
जी लगाया ही नहीं।

और फिर...?
मैं अंदर-ही-अंदर सुलगती गई
तपकर दृढ़ होती गई
और शब्द भी मेरे दहकने लगे।

१२. पुरुष कभी डायन नहीं होते

क्या आप जानते हैं ?
ये जो ओझा, मंतरिया, भगत
फकीर, गुणियाँ होते हैं
वे बहुत ही अहम भूमिका निभाते हैं
पुरुषवादी सोच और सत्ता को
बनाए रखने में।

हमारे पुरुष-प्रधान समाज में
पुरुष ओझा-मंतरिया
भगत गुणियाँ फकीर सब हो सकते हैं
लेकिन पुरुष कभी डायन नहीं होते।

डायन तो सिर्फ स्त्रियाँ होती हैं
वो भी वे स्त्रियाँ
जो करती हैं कोशिशें बोलने की
पुरुषवादी समाज से नजरें मिलाकर
उठाती हैं सिर अपने हक के लिए
अपने ऊपर हुए अन्याय के खिलाफ।

दरअसल वे
डायन होती नहीं हैं
बना दी जाती हैं जबरन
ताकि उस पर तोहमत लगाई जा सके
किसी नवजात को खाने का
ठहराया जा सके जिम्मेदार
किसी के जवान बेटे की मौत के लिए

लगाया जा सके इल्जाम
मानसिक रोग से पीड़ित
बहू-बेटियों पर भूत चढ़ाने का।

और किया जा सके
उसे प्रताड़ित इस कदर
दी जा सके इतनी
शारीरिक व मानसिक यातनाएं
कर दिया जाए उसे इतना कलंकित कि
किसी को मुँह दिखाने के लायक न रहे वह
खुद से हो जाए उसे इतनी घृणा
कि फिर कभी हिम्मत न जुटा पाए
आवाज उठाने की
पुरुषवादी सोच के खिलाफ।

१३. उस पार की दुनिया

ऊंचे-ऊंचे कई परकोटों से
घिरी है मेरी दुनिया
जहाँ आते नहीं उस पार से
ताजी हवा के झोंके
बहती हैं तो बस सदियों पुरानी
वही उमसभरी हवाएं
जहाँ-तहाँ खड़े हैं कुछ
टूंठ हुए पेड़ भी
जिस पर नहीं फूटती कोई कोंपल
नहीं फुदकती एक भी चिड़िया
इसके मोटे-मोटे पर्णविहीन शाखाओं पर
पतझड़ और बसंत कब
आकर चला जाता है
पता ही नहीं चलता।

हाँ! इसके सबसे ऊँची शाख पर
अक्सर चढ़ जाती हूँ मैं
आँखें मूंदकर खींचती हूँ दमभर
परकोटे के उस पार से आती
शीतल बयार को और
गढ़ती हूँ कल्पनाओं में
परकोटे के उस पार की दुनिया को
शायद पास ही कोई नदी या झरना हो
जिसके मीठे जल को पीकर कोई हिरणी हो
रही होगी तृप्त
तैर रहे होंगे कुछ हंस के जोड़े

फूलों से लदी होंगी डालियाँ
चहकती होंगी चिड़िया पत्तों की ओट में।

अहा! कितनी अद्भुत है
उस पार की दुनिया!
जी तो चाहता है
अभी फांद कर सारे परकोटों को
हो जाऊँ मैं आजाद।

लेकिन नहीं..
सहसा सिहर उठती हूँ मैं
इस कोशिश में
मुझसे पहले भी कई बहनों के अस्तित्व को
मिटाया जा चुका है बड़ी बेरहमी से
यहाँ के पहरेदारों द्वारा।

पर इसका मतलब यह नहीं कि
मैंने हार मान ली
मैं जाऊँगी उस पार
अवश्य जाऊँगी
फांद कर नहीं, सीढ़ियों के सहारे
एक-एक सीढ़ियाँ चढ़ते हुए आहिस्ते-आहिस्ते
जानती हूँ वक्त लगेगा
पर यकीं है मैं लाँघ जाऊँगी
छद्म मर्यादाओं के इन परकोटों को।

१४. पंख पसार उड़ चलो

जब जिंदगी थी उदास
कोई नहीं था आस-पास
तभी एक नन्ही चिड़िया
आई मेरे पास
हँसकर बोली मुझसे
ओ नारी!
क्यों बनी हो बेचारी
क्या है तेरी लाचारी ?
शायद आभास नहीं तुम्हें
अपनी शक्ति की।

आओ मेरे साथ चहको
आओ मेरे साथ फुदको
फूल-पत्तियों से रंग चुनो
मन में उमंग भरो
पंख पसार उड़ चलो
आसमान का सीना नापो।

१५. ढोंग है तुम्हारा लिखना

स्त्री सौन्दर्य की
बखिया उधेड़ बखान करने वालों
उसके अंग-प्रत्यंगों को
तरह-तरह की उपमाओं से
अलंकृत करने वालों
स्त्रियों की महिमा का
गुणगान करने वालों
प्रेम की चाशनी में
कलम डुबो-डुबो कर
प्रेम कविता लिखने वालों
तमाम कवियों !
मैं पूछना चाहती हूँ तुम सबसे।

क्या तुम्हें वो सौन्दर्य
वो महात्म्य
अपनी पत्नी में भी दिखता है ?
क्या तुम अपने कहे अनुसार
सभी स्त्रियों को सम्मान दे देते हो ?
क्या तुम अपनी माँ से
उतने ही विशुद्ध प्रेम कर लेते हो
जब वो लाचारी में बिस्तर और
कपड़े में ही मल-मूत्र त्याग देती हैं ?
क्या तुम अपनी बहन-बेटियों को
प्रेम करने या मनचाहा जीवनसाथी चुनने की
सहमति
सहजता से दे देते हो ?

अगर नहीं तो
महज
ढोंग है तुम्हारा लिखना।

१६. चलो! अच्छा ही हुआ

याद है तुम्हें ?
गुलमोहर का वो पेड़
जिसके नीचे जाने कितनी
लाल-गुलाबी दुपहरी
कितनी पीली शामें
बिताईं थे हमने साथ-साथ
वो कट चुका है अब।

कब ?
कहाँ ?
कौन-सा पेड़ ?
मुझे कुछ याद नहीं।

अच्छा ! छोड़ो
नहीं दिलाती याद मैं
अब कुछ भी।

चलो ! अच्छा ही हुआ
जो तुम्हें कुछ याद नहीं
अब आसान होगा
अपने अंदर सुर्ख लाल फूलों से लदे
उस गुलमोहर को भी काटना
जो अक्सर बेमौसम बेवजह ही
खिल उठता है
झुक जाती है डालियाँ और
कस्तूरी-सी महक उठती हूँ मैं।

43/ देह, देहरी और दीया

१७. परथन का आटा

रोटियाँ बेल रही माँ के कंधे पर
झूलती छोटी बच्ची
जिद करती थी अक्सर
माँ ! रहने दो ना
एक आखिरी छोटी वाली लोई
मैं भी बनाऊँगी एक रोटी
जो तुम्हारी बनायी रोटी से
होगी बहुत छोटी जैसे
मैं तुम्हारी बेटी छोटी-सी
वैसे ही तुम्हारी बड़ी रोटी की बेटी
मेरी वाली छोटी रोटी।

और तब माँ समझाती
बड़े ही प्यार से
रोटी छोटी हो या बड़ी
एक रोटी दूसरी रोटी की
माँ नहीं होती
हाँ ! बहन हो सकती है।

तब आश्चर्य से पूछती
वो मासूम बच्ची
अच्छा! तो फिर
रोटियों की माँ कौन होती है?

गोद में बिठा कर बेटी को
माँ हँसकर कहती

ये जो परथन का आटा है ना
यही रोटियों की माँ होती हैं
जो सहलाती हैं उसे
दुलारती है, पुचकारती है
लिपटकर अपनी बेटी से
बचाती है उसे बेलन में चिपकने से
ताकि वो नाचती रहे, थिरकती रहे
और ले सकें मनचाहा आकार।

आज वो बच्ची बड़ी हो गई है
और अहसास हो रहा है उसे
सचमुच माएँ भी बिल्कुल
परथन के आटे की तरह होती हैं
जिनके दिए संस्कार, प्यार-दुलार, दुआएं
लिपटी रहती हैं ताउम्र अपनी संतान से
ताकि सही आकार लेने से पहले ही
वक्त के बेलन तले चिपककर
थम न जाये उसकी जिंदगी।

१८. अजीब-सी गंध

वह बेचैन हो उठा
हवाओं में फैली एक अजीब-सी गंध से
पता नहीं किधर से आ रही है
किधर को जा रही है ये गंध ?
दमघोंटू सांसों से
अजीब-सी जकड़न
महसूस हो रही है सीने में।

ओह ! जरा देखूँ तो
न्यूज चैनल्स क्या बता रहे हैं
इस बारे में
उफ ! ये क्या गंध तो
इधर से ही निकल रही
और ज्यादा दम घुटने लगा है
अब तो।

चलो !
अखबार में ही पढ़ा जाय
इस बारे में
बैठकर बालकनी में इत्मीनान से
अरे ! ये क्या ?
इसके तो हर पन्ने से
हर न्यूज हेडलाइन से
यहाँ तक कि प्रत्येक शब्द से
उतनी ही ज्यादा गंध आ रही है।

आह! मन बहुत बेचैन हो रहा है
क्या करूँ ?
कैसे निजात पाऊँ इस गंध से ?

अखबार को दूर फेंक
वह वहीं बालकनी में
टहलने लगा बेचैनी से
तभी नीचे सड़क पर बैठी
वृद्ध भिखारिन को तंग करते बच्चों पर
उसकी नजर गई तो
बच्चों को डांटने के लिए
मुँह उसका खुला कि
सहसा सामने की छत पर
कपड़े पसारती एक खूबसूरत महिला
पर जाकर नैन उसके अटक गए और
मन उसका भटक गया
निहारने लगा उसे एकटक।

ठीक उसी वक्त उसने महसूस किया
और भी ज्यादा तीव्र गंध को
तो झांक कर देखा अपने मन के भीतर
उसे होने लगी अकुलाहट
और छटपटाहट
अपने मन-मस्तिष्क की सड़ांध से
अपनी लिजलिजी सोच की दुर्गंध से।

और वह
इस अजीब-सी गंध का
माजरा समझ गया।

47/ देह, देहरी और दीया

१९. वह तुम्हारी है

क्यों नहीं भाता है तुम्हें
उसका चिल्लाना
उसका झल्लाना
उसका लड़ना
उसका झगड़ना ?

क्यों ऊबने लगते हो तुम
उसकी टोका-टोकी से
उसके गुस्सा दिखाने से
उसकी शिकायतों से
उसके मुँह फुलाने से
उसके रूठ जाने से ?

क्यों खीजते हो तुम
उसके बार-बार फोन आने से
खाने के बारे में पूछे जाने से
वक्त से घर आने की हिदायतों से ?

आखिर समझते क्यों नहीं तुम ?
इन सब के पीछे छिपे
उसके अथाह प्रेम को
क्यों नहीं दिखता है
उसका सम्पूर्ण समर्पण तुम्हें ?

मत भूलो कि
वह एक स्त्री है और वो

जब तक लड़ती है, झगड़ती है
चिल्लाती है, झल्लाती है
रूठती है, मुँह फुलाती है
करती है शिकायतें, देती है हिदायतें
तब तक वह तुम्हारी है पूरी तरह से।

और जिस दिन वो
इन सब चीज़ों को भूलकर
सिमट जाएगी खुद में तो
नहीं रह जाएगी
वह तुम्हारी।

२०. मिली है ना आजादी

हाँ !
मिली है ना आजादी मुझे
अपनी इच्छानुसार, अपने मन की नहीं
तुम्हारी इच्छानुसार, तुम्हारे इच्छित
शब्दों और वाक्यों को बोलने की आजादी।

तुम्हारी पसंद-नापसंद के अनुसार
कपड़ों के रंगों और डिजाइनों को
चयन करने और पहनने की आजादी।

किचन में भी
पूरी आजादी मिली है मुझे
तुम्हारी पसंद की डिशेज बनाने की
सबकी फरमाइशें पूरी करने की और
अपनी पसंद को खुरच-खुरच कर
सिंक में बहाने की आजादी।

घर के कामों को निपटाते हुए
दौड़-भाग करते हुए
टीवी पर चल रहे तुम्हारे पसंद के
चैनलों को देखने की आजादी।

अपनी मुस्कुराहटों, अपनी हँसी
अपनी खुशी, अपनी चाहतों
अपनी हसरतों, अपने सपनों को
रद्दी में फेंक गंभीरता की चादर ओढ़े

तुम्हारे इशारे पर नाचने की आजादी।

दो पैसे कमाकर तुम्हारी आधे बोझ को
अपने कंधे लाद
घर से बाहर तक
दौड़ने-भागने की आजादी।

बचपन से आखिरी सांस तक
धागे तुम्हारे हाथ थमाकर
तुम्हारे द्वारा निश्चित की गई दूरी और
ऊँचाई तक तुम्हारे मनमाफिक
चाल और गति में पतंग की भांति
उड़ने की आजादी।

हाँ !
इतनी सारी तो मिली है
हमारे पुरुष-प्रधान समाज में
हम औरतों को आजादी।

२१. कील अंदर ही रह जाती है

नारी उत्पीड़न नारी शोषण
एक नासूर की तरह है
समाज में सदियों से
कभी छोटे तो कभी बड़े रूप में
घुलता रहता है अंदर-ही-अंदर
शांत सुषुप्तावस्था में इसका मवाद
जो रह-रह कर टीसता है, चुभता है।

जब-तब यह फूट पड़ता है
ज्वालामुखी की तरह
हैवानियत के तीखे शूल की चुभन से
और गर्म लावे के सैलाब-सा
उमड़ पड़ता है सालों से भरा
सुप्त मवाद।

तब देखा जा सकता है
लोगों की जुबां पर
न्यूज चैनलों पर, अखबारों में
चर्चा-परिचर्चाओं, कविताओं, कहानियों में
चौक-चौराहों पर, बाजारों में
धरना-प्रदर्शनों, संसद और
न्यायालय सब जगह।

फिर धीरे-धीरे
मंद पड़ने लगता है मवाद का बहाव
बंद होने लगता है नासूर का मुहाना

लेकिन कील अंदर ही रह जाती है
जो अंदर-ही-अंदर
चुभती रहती है और
मवाद भरता रहता है नासूर में
यह क्रम दोहराता रहता है
बार-बार, बार-बार
और बार-बार
लेकिन हर बार
कील अंदर ही रह जाती है।

२२. पाषाण हुई मुझ में एक स्त्री

ये जो देख रहे हो तुम
चेहरे पर मुस्कान लिए
यंत्रवत दौड़ती-भागती
सबकी निगाहों में
संस्कारी दिखने की कोशिशों में लगी
अपनी इच्छाओं-तमन्नाओं को मार–मार कर
पाषाण हुई मुझ में एक स्त्री
वो मैं नहीं हूँ।

न जाने
मर्यादा की बलि वेदी पर
खुद को कुर्बान करने वाली
इतिहास की कौन सी स्त्री है वह ?
जो उग आती है
मेरे चेहरे पर बार-बार
और कर देती है कैद मुझे
मेरे अंतर्मन की कोटर में।

हालांकि मैं खामोश हूँ
लेकिन इस कैद से मुक्त होने के लिए
लगातार युद्धरत भी हूँ
मर्यादाओं की लकीरें खींचने वाली
तमाम स्त्रियों के साथ।

वे स्त्रियाँ
युद्ध के मैदान हुए जीवन में

अक्सर पछाड़ देती हैं मुझे
तोड़ देती हैं
बिखेर देती हैं
लेकिन मैं भी कुछ कम जिद्दी नहीं
टूट कर भी हार नहीं मानती और मैं
मुझमें ही कैद खुद को
टटोलती हूँ
समेटती हूँ
और पूरी ताकत से पंख फड़फड़ा कर
उड़ आती हूँ कोटर से बाहर
कविता बनकर।

२३. तुम भी कभी

आए दिन
खबरें आती हैं
न्यूज चैनलों पर
अखबारों में
अपनी जायज या नाजायज
माँगों को लेकर
मजदूर, बस, ट्रक, ऑटो ड्राइवर
दुकानदार, स्वास्थ्यकर्मी, राज्यकर्मी और शिक्षक
भी
करते हैं हड़ताल
बैठते हैं धरने पर
करते हैं प्रदर्शन।

सुनो!
घर के अंदर और बाहर की
जिम्मेदारियों की मकड़जाल में
उलझी हुई
सबकी उम्मीदों पर खरी उतरने की
कोशिशों में लगी हुई
अपने सपनों और अरमानों को
खुरच-खुरच कर
रिश्तों के खांचों में
खुद को फिट करती हुई स्त्रियों
तुम भी कभी
हड़ताल किया करो ना
धरना-प्रदर्शन कर

अपनी आवाज बुलंद किया करो ना
बांध कर मुट्ठी अपनी शक्ति का
अहसास खुद भी किया करो और
औरों को भी कराया करो ना।

२४. होने लगी हूँ तुम जैसी

सबके पसंद-नापसंद का
ख्याल रखने लगी हूँ
और अपनी पसंद-नापसंद को
भूलने लगी हूँ तुम जैसी।

किचन में बर्तनों को
करीने से रखने लगी हूँ
मसाले के डब्बों को रैक पर
सजाने लगी हूँ तुम जैसी।

घर भर के कपड़े धो-सुखाकर
अब तहें भी लगाने लगी हूँ
कपड़ों के उन तहों में अपनी
जरूरतें छुपाने लगी हूँ तुम जैसी।

घर के कामों को निपटाने के लिए
देर रात तक जागने लगी हूँ
बिना अलार्म के भी मुंह अंधेरे
बिस्तर छोड़ने लगी हूँ तुम जैसी।

तीज-त्योहारों पर पुराने
कपड़ों से काम चलाने लगी हूँ
आड़े-तिरछे वक्त के लिए अब
दो-चार पैसे बचाने लगी हूँ तुम जैसी।

अपने मन की बातों को अब

मन में ही दबाने लगी हूँ
माँ! सबकी खुशियों में मैं भी
मुस्कुराने लगी हूँ तुम जैसी।

हाँ! माँ अब मैं भी कुछ-कुछ
होने लगी हूँ तुम जैसी।

२५. हाँ ! नारी हूँ मैं

शक्ति की चाहत में
जिस शक्ति की उपासना
सदियों से करते आये हो तुम
उसी शक्ति की अवतारी हूँ मैं
हाँ ! नारी हूँ मैं।

मेरे तन से पैदा होकर
मुझ से ही शक्ति पाकर
मुझ पर ही जोर आजमाते हो
और कहते हो बेचारी हूँ मैं
हाँ ! नारी हूँ मैं।

अगणित जोर-जुल्म सह
जननी बन सृजन कर सकती हूँ तो
मचा सकती हूँ पल में तबाही भी
ऐसी प्रलयंकारी हूँ मैं
हाँ ! नारी हूँ मैं।

दाग लगाते हो जिसके दामन
सरेआम करते हो नग्न जिसे
नोचते हो जिसकी बोटी-बोटी
वही बहन, बेटी, महतारी हूँ मैं
हाँ ! नारी हूँ मैं।

घृणा, तिरस्कार, प्रताड़ना,
यातना, अपमान, हिंसा, दोहन

और शोषण से तंग आकर
रूप कालिका का धारी हूँ मैं
हाँ ! नारी हूँ मैं।

मत बनाओ मुझे तुम देवी
मत करो पूजा, अर्चना या आरती मेरी
हक दो जीने का, वो मान-सम्मान दो
जिसकी अधिकारी हूँ मैं
हाँ ! नारी हूँ मैं।

२६. कामिनी बन दामिनी

आँसू पोंछ उठा हथियार
ओ सुकोमल कामिनी!
टूट पड़ वहशियों पर
बनकर तू अब दामिनी।

भस्म कर दे अपनी ज्वाला से
हर एक दरिंदे को।
थाम कमान बढ़ चल
रोक नारी-शोषण के धंधे को।

पत्थरों की बस्ती में
कौन सुनेगा तेरी शिकायत?
ओ नारी ! अब जाग
खुद ही 'खुद की' कर हिफाजत।

इंसानों पर छाई हैवानियत
इंसानियत का हो गया है खून।
न्याय बेचारी लुटी-पिटी सी
तमाशा देखता अंधा-कानून।

बन कराल कालिका अब
दुष्ट-दलन करना सीख ले।
अग्नि बरसा, प्रलय मचा दे
हैवानों को रहम की न भीख दे।

२७. नई पहचान

लिख नई पहचान तू
रोना, पछताना और आहें भरना
छोड़ 'बेबसी का रोना' रोना
पाना है तुझे अपनी मंजिल
कर संकल्प मन में ठान तू
लिख नई पहचान तू।

तू लक्ष्मी, दुर्गा, रण-चण्डी है
तेरे हाथ न्याय की दण्डी है
तेरे ही दम से है दुनियाँ
अपनी शक्ति अब जान तू
लिख नई पहचान तू।

पग-पग आगे बढ़ना
जुल्मो-सितम से ना डरना
बचाया जिसने बेरहम जमाने से
उस माँ का रख मान तू
लिख नई पहचान तू।

मिट जाएगा अत्याचारी
जब जाग उठेगी हर नारी
वक्त के कोरे कागज पर
लिख नई पहचान तू
नव भारत की शान तू।

२८. नारी तू कब हारी है

माना, घनघोर अंधेरा है
दूर तक न कोई किनारा है
जीना दूभर, मौत भी भारी है
पर, नारी तू कब हारी है?

रणभूमि में तू लक्ष्मीबाई
कर्मभूमि में सीतामाई
तू ही आदिशक्ति चमत्कारी है
नारी, तू कब हारी है ?

चुभे अगणित शूल हैं
पर न भूल, तू सृष्टि की मूल है
जुल्म पर सदा सहनशक्ति भारी है
नारी तू कब हारी है ?

२६. तो समझो

चहकती-फुदकती
हँसती-खिलखिलाती
हर पल मस्ती में रहने वाली
चंचल, चपल लड़कियाँ
जब अचानक से
ओढ़ ले खामोशी की चादर
साध कर चुप्पी
रहने लगे घरों में बंद
और न दिखे नैनों में
किसी भाव का मंजर।

तो समझो
वो गुजर रही होती हैं
अनकही पीड़ा की सुरंग से
जाने-अनजाने लोगों द्वारा
क्षत-विक्षत अपनी भावनाओं को
चुन-चुन कर समेट रही होती हैं
मन के तहखाने में
दुनिया की धारदार नजरों से
छिले जाने के डर से
छुपा रही होती हैं अपने जख्मों को।

ऐसे वक्त में
उसे जरूरत होती है
एक मजबूत सहारे की
जो संबल दे उसके अंतर्मन को

क्योंकि वो हो जाती हैं
नोनियाये दीवार की तरह
जिसे जरूरत नहीं पड़ती
कुरेदने या खुरचने की
वो भरभरा के ढहने लगती हैं
महज मामूली स्पर्श से।

३०. पुरानी और नई स्त्रियाँ

पुरानी स्त्रियाँ छः-छः मास या
कभी-कभी साल-दो साल भी
नहीं जा पाती थीं मायके
अपने नए घर में ही रहना पड़ता था उन्हें
बंदिशों और सीमाओं में।

ढोना पड़ता था
मान-मर्यादाओं के बोझ को
दबकर या कुचलकर भी
सह जाती थीं कही-अनकही
अपने अंतस की व्यथा को
मायके के खट्टे-मीठे स्मृतियों के सहारे
ढंक लेती थीं तमाम जख्मों को
मायके के नुकीले रोयें वाले
उस कंबल से।

पर आज की नई स्त्रियाँ
बिल्कुल अलग हैं उनसे
नहीं करतीं खुद को जाया
झूठे मान-मर्यादाओं को ढोने में
धूमिल पड़ने नहीं देतीं अपने सपनों को
किसी बंदिशों या सीमाओं में बंधकर।

अपना लेती हैं जल्दी ही नए घर को और
ढालकर घर को अपने अनुकूल
संवार लेती हैं नई दुनिया

तो खड़ी रहती हैं
आड़े-तिरछे वक्त में मायके के साथ भी।

बखूबी निभाती हैं
अपनी नई भूमिका को
दोनों घरों में बराबर पाँव रखकर
और मायके के नुकीले रोयें वाले
उस पुराने कंबल को छोड़
बुनती हैं एक नहीं दो-दो
मुलायम और कोमल रोयें वाले नए कंबल
एक अपने लिए तो
दूसरा मायके के लिए।

३१. तो कोई हक नहीं

बीच सड़क दिन-दहाड़े
लुटती-पिटती
तार-तार होती
चीखती-चिल्लाती
जार-जार रोती
गोलियों की शिकार होती
बेटियों को देख
कोई हलचल नहीं होती
तुम्हारे मन-मस्तिष्क में
नहीं उठते तुम्हारे हाथ उसके बचाव में
नहीं फूटते विरोध के स्वर
नहीं टूट पड़ते हो तुम उन हैवानों पर
बस चली जा रही है यंत्रवत
एक सीधी सरल रेखा पर
तुम्हारी आत्माविहीन शरीर
संवेदनशून्य जिंदा लाश की तरह।

तो कोई हक नहीं तुम्हें
मासूमियत कुचले जाने के बाद
अंग-प्रत्यंग छलनी होने के बाद
जिंदगी हारने के बाद
उन बेटियों को इंसाफ दिलाने के लिए
हाय-तौबा मचाने की
कैंडल जला धरना-प्रदर्शन कर
खुद को जिंदा साबित करने की।

३२. अदृश्य प्रसव-पीड़ा

जब-जब रिश्तेदार मारते हैं ताने
सास-ननदें देती हैं उलाहनें
गोतनियाँ छोड़ती हैं व्यंग्य वाण
पड़ोसिनें करती हैं खुसुर-फुसुर
पति अपनाते हैं उपेक्षित रवैया
दी जाती हैं कुलक्षिणी, कुलबोरन
कुलनाशिनी, डायन, पापिन, बांझिन जैसी
उपमाएं।

तब-तब
कभी गर्भ धारण नहीं कर पाने वाली स्त्रियाँ
गुजरती हैं अदृश्य प्रसव-पीड़ा से।

और वह बार-बार
न जाने कितनी बार
प्रसव-पीड़ा को सहती हैं
पर कभी माँ नहीं बन पातीं।

३३. बिछोह

बेटियाँ होती हैं जब विदा
बाबुल की बगिया से तो
छूट जाता है हाथों से बाबा का हाथ और
अम्मा के अँचरा का छोर।

झूलती रह जाती हैं निमिया के डार पर
सखी-बहिनप्पा के साथ की हँसी-ठिठोली
बाँस के खूंटे पर टँगी छोड़ जाती हैं
अपनी मासूमियत, चंचलता, अल्हड़पन
नादानियों से भरी बचपन की झोली
और ढंक लेती हैं खुद को
सयानेपन की चुनरी से
संजोकर चंद नन्हे सपनों को
नैनों की कोर में
बिखेर जाती हैं तमाम सपने बाट पर
इस उम्मीद में कि
कभी न कभी कोई बेटी बहू बन कर
आएगी बाबुल की दहलीज पर।

तो वो चुन लेगी उन सपनों को
और भरेगी उनमें रंग
उतार कर खूंटे से बचपन की झोली
बोएगी अपनी बगिया में खिलखिलाहट।

मुश्किल घड़ी में
राह दिखाने को होगा बाबा का हाथ

अम्मा अंचरा के टोर से
पोंछ लेंगी आंसुओं का हर एक कतरा
और वह बेटी सह सकेगी
बाबुल की बगिया का बिछोह।

३४. घर तो जाते होगे ना

स्त्री-देह के पुर्जे-पुर्जे को
नोंच-खसोट कर चिथड़े उड़ाने के बाद
किस पानी से धोते हो
अपने रक्तरंजित हाथों को
किस तरह से चुन-चुन कर
निकालते हो नाखूनों में फंसे
मांस के सूक्ष्म लोथड़ों को ?

कुकृत्य के बाद आखिर
घर तो जाते होगे ना ?

अच्छा बताओ !
घर जाकर
उन्हीं हाथों से कैसे उठाते हो
अपनी बिटिया को गोद में
कैसे चूमते हो
अपने लिजलिजे होंठों से
उसका माथा
कैसे मिलाते हो
अपनी गंदी नजरें
अपनी माँ-बहनों से
दरिंदगी की सारी हदें पार करने वाले
ओ नराधम!
कैसे जताते हो अपनी पत्नी से प्रेम ?

मानवजाति को शर्मशार करने वाले

ओ बलात्कारियो !
कैसे आती है तुम्हें चौन की नींद
क्या कानों में नहीं गूंजती है
उसकी दर्द भरी चीखें
कैसे जिंदगी को जी लेते हो
उन तड़पती रूहों के बीच ?

आखिर किस हाड़-मांस के
बने हो तुम
किस प्रेतात्मा का वास है तुझमें
रक्तसंचार होता है तुम्हारे शरीर में
या रेतसंचार ?
जो तुम्हारी शर्म-ओ-हया
तुम्हारी संवेदना
तुम्हारी आत्मा सब राख हो चुकी है।

३५. विंडचाइम और स्त्रियाँ

जब कभी
हवा के हल्के झोंके के साथ
विंडचाइम की मधुर धुन सुनती हूँ
तो मुझे नजर आती है उसमें
एक स्त्री।

हाँ!

कुछ खास फर्क भी तो नहीं
विंडचाइम और स्त्रियों में
दोनों दरवाजे-खिड़कियों के पास या
बालकनी में भी टंगी
देखती रहती हैं
अपने उस सीमित दायरे से ही
बाहर की दुनिया
जहाँ तक जाती है उसकी नजरें।

और
झूलती रहती हैं
बजती रहती हैं
टनटनाती रहती हैं
छेड़ती रहती हैं मधुर स्वर ताउम्र
हवा के हल्के झोंके पर भी
ताकि वो रोक सके बाहर से आती
नाकारात्मक ऊर्जाओं को
या परिवर्तित कर सके उसे
साकारात्मक ऊर्जा में

घर की सुख-समृद्धि और
शांति बनाए रखने के लिए।

३६. केन्द्र बिंदु

सुनो!
याद है तुम्हें ?
जब रिश्ता जुड़ा था हमारा नया-नया
प्रीत की फसल
लहलहायी थी नई-नई
तब तुमने क्या कहा था ?

मुझे कुछ याद नहीं
तुम स्त्रियाँ भी ना
न जाने क्या-क्या याद रखती हो और
बार-बार फालतू के सवाल-जवाब करके
वक्त बर्बाद करती रहती हो।

हम्म! इसका मतलब
तुम्हें कुछ याद नहीं।

याद नहीं ये कि तुमने कहा था
तुम केन्द्र बिंदु हो मेरी जिंदगी की
मैं ताउम्र परिधि की तरह
घूमता रहूँगा तुम्हारे इर्द-गिर्द।

ओह ! हाँ
सच ही तो कहा था मैंने।

हाँ हाँ !
सच ही तो कहा था तुमने

और मैं इस बात से
बहुत खुश भी हुई थी तब
जबकि खुश नहीं होना चाहिए था।

क्योंकि तुम्हारी कही बातों का भेद
तब नहीं समझ पायी थी मैं
लेकिन अब समझ गई हूँ।

तुमने मुझे केन्द्र बिंदु बनाकर
खूंटे की तरह
जड़ कर दिया एक ही जगह
और तुम
त्रिज्याओं के आकार घटा-बढ़ा कर
घूमते रहे उन्मुक्त
मनमाफिक परिधि में।

३७. मैं ठहरा आदिम रक्त पिपासु

लजीज हो
बहुत लजीज हो तुम
बिल्कुल मछलियों की तरह
स्वाद के साथ-साथ
मादकता कूट-कूट कर भरी हुई है
तुम्हारे अंग-प्रत्यंगों में
तुम्हारे रूप-रंग सौन्दर्य में
रक्त के एक-एक बूंद में।

और मैं ?
जानती हो मैं कौन हूँ ?
मैं ठहरा आदिम रक्त पिपासु
मादकता का अभिलाषी
नशे में धुत्त घोर विलासी।

कुछ भी कर लो स्त्री
तुम्हें पता भी नहीं चलेगा
या चलेगा भी तो
रोक न पाओगी मुझे कभी
बच न पाओगी
मेरे निशाने से
मैं वेधता रहूँगा तीरों से तुम्हें बार-बार
और बूंद-बूंद रिसती रहोगी तुम
जाम पर जाम भरते रहेंगे
पी-पीकर उसे
मदमस्त होता रहूँगा मैं।

३८. एक दिन सीख जाएंगी

जिन रंग-बिरंगे पत्थरों से चिपटकर
वो बहलाती हैं अपने मन को
दबाती हैं अंतर में उठती तप्त लहरों को
बाँटती हैं अपना सुख-दुख जिनसे।

तुम देखना !
एक्वेरियम में बंद
वो सुनहरी मछलियाँ
एक दिन सीख जाएंगी
उन पत्थरों को उठाना
और करेंगी जोरदार प्रहार
कर देंगी चकनाचूर शीशे की दीवारों को
हो जाएंगी मुक्त
नदियों की जलधारा में
उन्मुक्त विचरने के लिए।

३९. अदृश्य रहेंगी सीताएँ

एक दिन जब पिघलकर सारे ग्लेशियर
खारे समंदर से होंगे आलिंगनबद्ध
दहकेगा रवि इतना कि
धरती की छाती से भाप बनाकर
निचोड़ लेगा खारा-मीठा सारा जल
सूनी हो जाएंगी नदियों की कोख
ताल-तलैयों की आँखें
आसमान में उमड़ेंगे काले बादल
लेकिन बरसेंगे नहीं।

क्षण-क्षण प्रतिक्षण
बढ़ती ही जाएंगी
काले बादलों की कालिमा
और वो बुझा देंगे सूरज को भी
रह जाएगा सिर्फ
स्याह कालापन और सन्नाटा।

तब उस समय कई सीताएँ
समा जाएंगी धरती में और
समर्पित कर अपनी कोख धरती माँ को
उगाएंगी खट्टी बूटी और हरी दूब
अंधेरे में जीवन की उजास भरती
उसकी हरियाली रिझाएगी बादलों को
और भावविभोर बादल बरसते रहेंगे
सदियों तक
छिटकती रहेंगी सूरज की रोशनी

पनपता रहेगा जीवन
लेकिन
हमेशा की तरह
अदृश्य रहेंगी सीताएँ।

४०. कुछ आजाद ख्याल लड़कियाँ

कुछ आजाद ख्याल लड़कियाँ
भाग गईं अपने प्रेमियों के साथ
क्योंकि घर वाले बाँध देना चाहते थे उन्हें
अयोग्य दूल्हे के गले
प्रेम-विवाह के खिलाफ।

कुछ आजाद ख्याल लड़कियाँ
छोड़ गईं घर
बढ़ा दिए कदम शहरों की ओर
अपने सपनों को पंख लगाने के लिए
क्योंकि गाँव-समाज नहीं चाहता था कि
अधिक पढ़-लिख कर बेटियाँ
हो जाएं मनबढ़ू।

कुछ आजाद ख्याल लड़कियाँ
लाँघ आईं पति की देहरी
क्योंकि उन्हें तनिक न भाया
सती सावित्री बनना
अपने चरित्रहीन पतियों के लिए।

कुछ आजाद ख्याल लड़कियों ने
कर लीं खुदकुशी
क्योंकि वो हार गई थीं
बंद कोठरी की यातनाओं से मुक्ति पाने के
तमाम हथकंडे अपना-अपना कर।

कुछ आजाद ख्याल लड़कियाँ
बन गईं संघर्षशील सशक्त माँएं
क्योंकि उन्हें ढाल बनकर
साथ देना था बेटियों का।

कुछ आजाद ख्याल लड़कियाँ
जो रह गई थीं मौन
वो भी अंदर-ही-अंदर सुलगती-सुलगती
हो गईं विद्रोहिणी एक दिन
और थाम लिया कलम।

४१. देह, देहरी और दीया

सुन स्त्री !
खुद को सजा कर
संवार कर और
संभाल कर रख
क्योंकि तू देह है।

तेरे गालों पर, तेरे होंठों पर
तेरे पेट पर, तेरी पीठ पर
तेरी नाभि पर, तेरी कमर पर
तेरे स्तनों पर, तेरे नितंबों पर
तेरे ढंके-छिपे हर अंग पर
लालच भरी नजरों के
सैकड़ों खंजर चुभेंगे
बार-बार चुभेंगे
और इस चुभन को तुझे सहना होगा
आखिर तू देह जो है।

नहीं देखने हैं तुझे सपने कोई
नहीं सजाने हैं ख्वाब कोई अपने लिए
तू सीमित कैसे हो सकती है अपने तक ?
तेरा दायरा तो बहुत विस्तृत है
तू मर्यादा है घर-परिवार, कुल-खानदान की
गाँव और समाज की
नहीं लाँघना है तुझे देहरी कभी भी
डोली या अर्थी से पहले।

गर तू काम करती है घर के बाहर भी
तो घर लौट आना संध्या होने से पहले
क्योंकि तू सौभाग्य है घर की
तुझे करनी है सबके लिए मंगलकामनाएं
जलाकर संध्या दीया-बाती।

तू लक्ष्मी है, अन्नपूर्णा है
थाली में अन्न भी तुझे परोसना है और
बिस्तर पर अपना देह भी।

कुछ इस तरह से
खूंटे से बाँध दिया गया स्त्री को
और उसके पैरों के पगहे को
इतनी ही ढील दी गई कि
उसकी पहुँच
देह, देहरी और दीया तक ही रह जाए।